Helmut Steitz

Zur Gemeinschaft berufen - Die Ehe nach Gottes Wort und Plan

AF571474

Helmut Steitz

Zur Gemeinschaft berufen - Die Ehe nach Gottes Wort und Plan

Ein Arbeitsbuch für Kleingruppen

Fromm Verlag

Impressum/Imprint (nur für Deutschland/ only for Germany)
Bibliografische Information der Deutschen Nationalbibliothek: Die Deutsche Nationalbibliothek verzeichnet diese Publikation in der Deutschen Nationalbibliografie; detaillierte bibliografische Daten sind im Internet über http://dnb.d-nb.de abrufbar.
Alle in diesem Buch genannten Marken und Produktnamen unterliegen warenzeichen-, marken- oder patentrechtlichem Schutz bzw. sind Warenzeichen oder eingetragene Warenzeichen der jeweiligen Inhaber. Die Wiedergabe von Marken, Produktnamen, Gebrauchsnamen, Handelsnamen, Warenbezeichnungen u.s.w. in diesem Werk berechtigt auch ohne besondere Kennzeichnung nicht zu der Annahme, dass solche Namen im Sinne der Warenzeichen- und Markenschutzgesetzgebung als frei zu betrachten wären und daher von jedermann benutzt werden dürften.

Contact:
International Book Market Service Ltd., 17 Rue Meldrum, Beau Bassin, 1713-01 Mauritius
Website: www.bookmarketservice.com
Email: info@bookmarketservice.com

Gedruckt in: USA, UK, Deutschland. Dieses Buch wurde nicht in Mauritius produziert.

Imprint (only for USA, GB)
Bibliographic information published by the Deutsche Nationalbibliothek: The Deutsche Nationalbibliothek lists this publication in the Deutsche Nationalbibliografie; detailed bibliographic data are available in the Internet at http://dnb.d-nb.de.
Any brand names and product names mentioned in this book are subject to trademark, brand or patent protection and are trademarks or registered trademarks of their respective holders. The use of brand names, product names, common names, trade names, product descriptions etc. even without a particular marking in this works is in no way to be construed to mean that such names may be regarded as unrestricted in respect of trademark and brand protection legislation and could thus be used by anyone.

Contact:
International Book Market Service Ltd., 17 Rue Meldrum, Beau Bassin, 1713-01 Mauritius
Website: www.bookmarketservice.com
Email: info@bookmarketservice.com

Copyright © 2011 by the author and Fromm Verlag and licensors
All rights reserved. Beau-Bassin 2011

Printed in: U.S.A., U.K., Germany. This book was not produced in Mauritius.

ISBN: 978-3-8416-0192-6

Zur Gemeinschaft berufen

Die Ehe nach Gottes Wort und Plan

© 2011
Alle Rechte vorbehalten
Foto: Privat

Zur Gemeinschaft berufen

Die Ehe nach Gottes Wort und Plan

Ein Arbeitsbuch für Kleingruppen

von

Helmut Steitz

4

Inhalt

Vorwort

Ehe man sich bindet sollte man wissen, welch wundervolles Geheimnis sich hinter dem Begriff „Ehe“ verbirgt. Aber, selbst als „gestandenes“ Ehepaar hat man nie ausgelernt und darf immer wieder erstaunlich neue Entdeckungen in seiner Ehe machen. Unser Schöpfer hat uns zur Gemeinschaft berufen und uns hierzu wichtige, in der Ehe unverzichtbare Anweisungen gegeben, die er uns durch sein Wort wissen lässt.
Aber, wer von uns kennt schon all diese Dinge, weiß, wie er sich seinem Gegenüber in der Partnerschaft zu verhalten hat, so dass er ihm stets mit dem Richtigen begegnet, ohne ihn dabei zu verletzen?
Dieses Arbeitsbuch für Haus- Frauen oder Männerkreise möchte ein Leitfaden sein und dazu beitragen, dass wir uns als Ehepartner so sehen und akzeptieren können, wie dies der Stifter der Ehe – nämlich Gott selbst – tut. Dabei ist es sehr wichtig, dass der Inhalt nicht monoton vorgetragen, sondern gemeinsam in den jeweiligen Gruppen erarbeitet wird!
Aus dem Teamwork in der Gruppe erwächst das Teamwork in und für die Ehe, denn genau dazu sind wir durch Gottes vollkommenen Plan berufen.

Wenn wir lernen und verstehen, dass nicht unser Ego, sondern der Stifter der Ehe selbst den Mittelpunkt unserer Gemeinschaft bildet, dann haben wir den Schlüssel zur Schatztruhe für eine Gott wohlgefällige Partnerschaft gefunden.
Lassen wir es dann auch noch zu, dass *ER* aufschließen darf, wird Gott unser Eheleben mit seinen Segnungen beschenken und bereichern!
Mein Mann und ich wünschen Ihnen von ganzem Herzen, dass sie Ihre Ehe in diesem Segen leben.

Ihre
Regina Steitz

Zur Gemeinschaft berufen

„Allein geht man ein“ sagt uns ein Sprichwort, welches uns allen sehr bekannt ist. In diesen wenigen Worten steckt eine präzise Aussage, ja, sogar der Kern unseres Daseins. Wir Menschen sind nicht, wie viele heute vorgeben, als egoistische Eigenbrötler erschaffen, sondern als „Herdentiere“ zur Gemeinschaft, mit – und untereinander.
Allen Egotrips zum Trotz stellt der Volksmund auch unmissverständlich fest: „Gemeinsam sind wir stark“ und bringt damit zum Ausdruck, was unser Schöpfer lange schon vorher wusste.
Denn er war es, der dieses Gemeinschaftsprinzip schon in die beiden ersten Menschen legte. Denn als er Adam* erschaffen hatte, erkannte er umgehend: *Es ist nicht gut dass der Mensch allein sei; ich will ihm eine Hilfe machen, die ihm entspricht.* (1.Mo.2,18)
Ein Adam entsprechender Mensch, der ihm eine Hilfe sein sollte, musste sich mit ihm messen lassen können. Er musste ihn nicht nur verstehen können, seine Gefühle und Gedanken nachvollziehen, nein, sondern ihn dort, wo er an seine Grenzen stößt, ergänzen und bereichern können.

*= Mensch

Denn nur so konnte eine wirkliche Gemeinschaft möglich sein und ein Miteinander entstehen. Dass diese Eigenschaften gegeben waren, bestätigt Adam seinem Schöpfer und auch uns heute, unmittelbar nachdem er seine Hilfe zum ersten Mal in Augenschein nahm, denn er rief aus:

Diese endlich ist Gebein von meinem Gebein und Fleisch von meinem Fleisch. (1.Mo.2,23)

Adam akzeptierte also sein Gegenüber nicht nur, sondern stellte es mit sich auf eine Stufe. Er gab ihr den Namen „Frau"* und ging fortan nicht mehr allein durchs Leben, sondern hatte die ihm von Gott gegebene Hilfe als seine Begleiterin stets an seiner Seite.

Bis heute hat sich an diesem von Gott geschaffenen Gemeinschaftsgefüge nichts geändert. Die kleinste Einheit, die Gott geschaffen hat, ist die Gemeinschaft von Mann und Frau. Nichts anderes war von ihm gewollt oder vorgesehen! Gott macht uns durch sein Handeln deutlich, dass es bei ihm noch nie die Frage gab, wer denn nun von beiden Geschlechtern sich emanzipieren muss. Denn beide waren und sind in des Schöpfers Augen von Anbeginn an gleichberechtigt.

Was viele heute als Freizügigkeit erklären, indem sie gleichgeschlechtliche Partnerschaften der Ehe gleichstellen oder in einer solchen leben, kann jedoch niemals

*= wörtl. „Männin", Hebr. dieselbe Wortbedeutung wie Frau

das wirklich widerspiegeln, was Gott uns Menschen mit dem von ihm Erdachten schenken will – und wollte.
Ist es doch bezeichnend, dass Gottes Wort uns deutlich sagt: *Darum wird ein Mann seinen Vater und seine Mutter verlassen und seiner* ***Frau*** *anhängen, und sie werden ein Fleisch sein.* (1.Mo.2,24)
Wir lesen also nichts davon, dass ein Mann einem anderen, oder eine Frau einer anderen anhängen wird! Aber, der Mensch meinte schon damals, sich über die Perfektion Gottes hinweg setzen zu müssen und lieber seinen eigenen Vorstellungen zu frönen. Das Ganze ging damals schief und ist auch heute zum Scheitern verurteilt, weil Gottes Schöpfungsplan im Gegensatz zu unseren menschlichen Gedanken vollkommen ist und bleibt.
Aber genau an dieser Vollkommenheit möchte uns der, der alles erschaffen hat, teilhaben lassen. Dazu ist es jedoch notwendig, dass wir uns Gottes Plan, seinen Gedanken und Zielen mit unserem ganzen Sein unterordnen. Zwar hat uns Gott mit einem freien Willen ausgestattet und wird uns niemals zu einer solchen Gangart zwingen, aber wir täten gut daran, in allen Lebensbereichen – vor allem auch in der Ehe – den Weg, welchen uns unser Schöpfer durch sein Wort aufzeigt, zu gehen.
Denn Gottes Wegweisung ist in allen Bereichen die richtige, weil sie nie in Sackgassen und Ausweglosigkeiten endet!

Gottes Zielsetzung lautet: ***Immer das Beste für meine Kinder***! Deshalb hat er auch Mann und Frau zusammengeführt und ihnen die Aufgabe gegeben, die tiefste und innigste Gemeinschaft, die es unter Menschen geben kann, zu leben – die Ehe.

Einführung

Die Ehe basiert auf ihrer Einsetzung durch den Schöpfer und orientiert sich an den Leitlinien Jesu und den Schriften des Alten und Neuen Testaments.

In der Ehe soll die ursprüngliche Zweiheit der Geschlechter zu einer neuen Einheit werden. (1.Mo.2,18 +22-25; Mt.19,5)

Diese Zwei – Einheit der ehelichen Gemeinschaft *nach Leib, Seele und Geist*, **entspricht also in vollem Umfang dem Willen Gottes**!

Die von Gott gegebene erste Bestimmung der Einheit bringt als zweite Bestimmung das von IHM gegebene Vorrecht der Schaffung neuen Lebens hervor. Die zuvor geschenkte Zweiheit wird durch Gottes Plan und Segen zur Dreiheit von Vater, Mutter und Kind(ern)! (1.Mo.1,28; 9,1; Ps.127,3)

Die aus der Verbindung von Mann und Frau entstehende Nachkommenschaft, ist nicht etwa ein Gebot, sondern ein Segen Gottes! (1.Mo.1,27+28)
Dies bedeutet, dass eine Frau, die keine Kinder geboren hat, sich in Gottes Augen trotzdem als vollwertige Frau sehen darf, weil auch ihr Schöpfer sie so sieht!

Andererseits bedeutet dies für den Mann, dass er seine Frau, trotz eventueller Kinderlosigkeit, als ihm gleich gestellt und ebenbürtig ansehen soll. Denn, wie eingangs schon beschrieben, tut Gott nichts anderes und hat dies auch deutlich erklärt.

Ehe ist mehr als Sexualität, die ohne Zweifel dazu gehört, aber nicht einzig und allein der Mittelpunkt der Gemeinschaft von Mann und Frau sein kann.
Lassen Sie uns in den Folgekapiteln betrachten und erarbeiten, was Gott uns mit dieser Institution wirklich geschenkt hat und tauchen Sie zusammen mit Ihren Gruppenteilnehmern tiefer in das wundervolle Geheimnis Ehe ein.

Die Ehe im Alten Testament

Da wir im AT eine Vielzahl von ehelichen Gemeinschaften vorfinden, ist es nicht verwunderlich, dass die hebräische Bibel eigentlich keinen Begriff für Ehe kennt. Sie ist am ehesten mit dem Bund, den Gott mit seinem Volk geschlossen hat, vergleichbar.
(vgl. Mal.2,14)

So, wie Gott den Bund mit seinem Volk gestiftet hat, ist er auch der Stifter des Ehebundes!
Die Nähe zum Bund zeigt sich darin, dass bei der Eheschließung der Mensch wählt und sich bindet.
Es entsteht eine menschliche Gemeinschaft, nicht eine sich beliebig vermischende Masse.

Im AT spielen Kinder – vor allem Söhne - für die Ehe eine große Rolle.
Damit beschenkt zu werden bedeutet Segen, sie entbehren zu müssen, ist Strafe und Unglück.
(Ps.127,4; 1.Mo.30,1; 1.Sam.1,1-11)

Obwohl wir schon aus den ersten beiden Kapiteln der Bibel deutliche Hinweise auf die **Einehe** finden, wurde in Israel selbst sehr lange Zeit die sog. Vielehe praktiziert.

Dies war z. B. bei Lamech, aber auch bei den Erzvätern Abraham und Jakob oder bei den Königen wie Salomo, bis hin in die Zeit des Neuen Testaments der Fall. (1.Mo.4,23)
In 5.Mo.21,15-17 ist die Verbindung eines Mannes mit mehreren Frauen sogar ausdrücklich erwähnt!
Dennoch wurde die Monogamie (Einehe) von Anfang an als anzustrebendes Ideal und von Gott gewollt betrachtet.
(2.Mo.20,17; Spr.31,10-31)

Auch Jesus verdeutlicht dies, wenn er auf die Scheidungsfrage der Pharisäer eingeht und hier das AT wörtlich zitiert! (Mt.19,4-6; 1.Mo.2,24)

Das Eingehen einer Ehe war im AT nahezu eine Selbstverständlichkeit.
Sie kam dadurch zustande, dass der Vater eines jungen Mannes durch Verhandlungen mit dem Vater eines Mädchens seinem Sohn eine Frau zuführte, in seltenen Fällen ging der Vorschlag auch vom Brautvater aus. Noch seltener war es, dass der Sohn den Eltern selbst einen Heiratsvorschlag unterbreitete. (1.Mo.34,4; 38,6; Ri.14,2)

Eine andere Variante war die, dass der Vater des Bräutigams oder dieser selbst einen Beauftragten entsandten. (1.Mo.24,2-4)

Einverständnis und Segen der Eltern galten jedenfalls als Voraussetzung für einen guten Verlauf der neu zu schließenden Ehe!

Ebenso kam es vor, dass sich Mann und Frau bei der Arbeit kennen lernten (2.Mo.2,16ff; Rt.2,7ff), oder es geschah, dass ein Mann sich eine Frau als Kriegsbeute mit nach Hause brachte. (Ri.5,30; 21,19 ff)

Der Bräutigam oder sein Vater hatten dem Vater der Braut einen sog. Brautpreis (LÜ. **Morgengabe**) zu zahlen, die entweder aus Geld, oder aber in Form von Tieren, Dienst – oder Kriegsleistungen bestand. (1.Mo.34,11 ff; Jos.15,16; Ri.1,12; 1.Sam.17,25; 18,25)

Trotz aller Verhandlungen wurde das Mädchen in aller Regel um seine Zustimmung gefragt. (vgl. 1.Mo.24,58)

Mit der Verlobung gewann der Bräutigam das Recht, die Frau nach einer angemessenen Zeit in sein Haus zu holen.
Ursprünglich traf man die Wahl der Frau aus seiner eigenen Familie oder Sippe. Dies geschah um zu verhindern, dass der Besitz an eine heidnische Familie fiel. Den sog. Erbtöchtern war es generell verboten, außerhalb des eigenen Stammes zu heiraten. (1.Mo.24; 4.Mo.36,5-12; Ri.14,3)
Es handelte sich hierbei um die älteste Tochter, sofern sie keinen Bruder hatte.

Die Ehe mit Halb – und Stiefgeschwistern war untersagt. (3.Mo.18,9)
Ebenso wurde auch die Ehe mit heidnischen Frauen wegen der Gefahr des Abfalls vom Glauben verboten. (5.Mo.7,1-4; 20, 16 ff)

Das beste Beispiel hierfür ist König Salomo, der durch seine fremdstämmigen Frauen dem Glauben an den einzigen Gott entfremdet wurde. (1.Kö.11, 1-11)

Damit der Name eines Geschlechts nicht ausstarb, kannte man in Israel die sog. **Schwagerehe** (= Leviratsehe).
Wenn ein Mann kinderlos starb, so war sein Bruder **verpflichtet**, die Witwe zu heiraten, um ihm Nachkommenschaft zu erwecken. (5.Mo.25,5-10; 1.Mo.38,8)

Der erste Sohn aus dieser Verbindung trug den Namen des verstorbenen Bruders und galt als dessen Erbe.
In jedem anderen Fall war die Ehe mit der Schwägerin verboten. (3.Mo.18,16; 20,21)

Wurde ein Ehebruch aufgedeckt, so traf Mann und Frau die Todesstrafe durch Steinigung. (5.Mo.22,22 ff)
War die beteiligte Frau eine Sklavin, so kam der Mann mit einem Schuldopfer davon. (3.Mo.19,20-22)
War die Frau weder verheiratet noch verlobt, so musste der Mann sie zur Frau nehmen und den Brautpreis bezahlen, auch dann, wenn er bereits verheiratet war. (1.Mo.22,15 ff)

Mit diesen strengen Bestimmungen sollte das Ausbrechen aus der Ehe verhindert werden.
Jedoch war Ehebruch schon im AT recht verbreitet. (Spr.2,16-19; 6,24-35)

Die Ehe im neuen Testament

Ehebruch

Dass Ehebruch bei Gott alles andere als ein „Kavaliersdelikt" ist, ersehen wir zum einen, aus der hohen Strafe, die darauf stand, zum anderen macht es uns Jesus sehr deutlich. Auch lässt er uns nicht im Unklaren darüber, dass Ehebruch **bereits im Herzen beginnt**!
Der bloße Gedanke des Begehrens einer völlig fremden Frau, das Wünschen in seinem Herz: „Die müsste mir gehören", ist schon nach den Worten Jesu Ehebruch! (Mt.5,27-28)

Ehescheidung

Schon im AT macht Gott deutlich, was er von Ehescheidung hält (Mal.2,16). Und Jesus verdeutlicht uns, dass es den sog. Scheidebrief nur gab, wegen der harten Herzen der Menschen und fügt hinzu, dass es aber bei Gott nicht so vorgesehen war! (Mt.19,3-8)

Es gibt für Jesus – und damit für Gott - nur einen einzigen, wirklichen Grund, warum es zur Ehescheidung kommen kann, nämlich **Hurerei**! (Mt.19,9)

Mit diesem Wort verknüpft Jesus mehr als Untreue oder Ehebruch! Denn auch der Ehebrecherin gegenüber kennt Jesus **Vergebung** und **Versöhnung**! (Joh.8,2-11)

Die etwaige Andersgläubigkeit des Ehegatten ist nach den Worten des Paulus kein Grund zur Scheidung, solange der andere ihn als Christen duldet.
Lässt jener sich dagegen scheiden, so ist der Christ nicht länger gebunden. (1.Kor.7,13-15)

Die völlige Hingabe zu Gott des verheirateten Christen, hebt natürlich nicht seine Ehe auf!
Die Hingabe ist aber der Ehe sehr wohl über – und vorgeordnet. (Kol.3,18ff)

Die Funktionalität einer Ehe

Eph.5,22-25

Paulus sieht nicht nur die Gemeinde, sondern auch die Familie (Ehe) als ein Leib. Und jeder Leib hat ein Haupt nötig!
Wenn wir z. B. ohne Haupt herumlaufen würden, ginge alles in unserem Leben buchstäblich kopflos.

Das andere Extrem wäre, wenn wir mehrere Häupter hätten, denn dann wäre die Konfusion ebenfalls vorprogrammiert. Wer würde dann bestimmen, was der Leib tut, oder wohin er gehen sollte?

Gottes Gedanken sind also auch in diese Richtung vollkommen!

In vielen Bereichen unseres Lebens haben wir Menschen diesen Grundgedanken Gottes übernommen. So spricht man in unserer Gesellschaft von sog. Körperschaften, die in aller Regel einen Vorsitzenden, also auch ein Haupt haben.

Dasselbe finden wir bei Parteien, und auch unsere Gemeinden haben einen Hirten.

Die Lehre von der Notwendigkeit eines Hauptes begegnet uns sogar innerhalb der Dreieinigkeit (Trinität) Gottes!

So schreibt Paulus an die Korinther:

Christus ist das Haupt eines jeden Mannes; der Mann aber ist das Haupt der Frau; Gott aber ist das Haupt Christi! (1.Kor.11,3)

Es gibt also selbst in der göttlichen Dreieinigkeit ein Haupt!

Vater, Sohn und Heiliger Geist sind gleichermaßen Gott, aber dennoch ist der Vater das Haupt des Sohnes.
Jesus hatte keine Schwierigkeit damit, dass er dem Vater unterstellt ist! Denn wir lesen in 1.Kor.15,28:

... dann wird auch der Sohn selbst Untertan sein dem, der ihm alles unterworfen hat.

Daraus erkennen wir, dass es auch unter gleichwertigen Persönlichkeiten nichts Schlechtes ist, wenn einer von ihnen das Haupt ist!

Ebenso verhält es sich in der Beziehung zwischen Mann und Frau!
Die Frau ist keine Person „zweiter Klasse“, sondern dem **Mann völlig gleichwertig**!

So, wie sich Jesus Gott dem Vater **freiwillig** unterordnete und trotzdem eins mit ihm ist, so ist dies auch die Frau, wenn sie sich in die von Gott gewollte, **freiwillige Unterordnung** ihres Mannes begibt!

Dies bedeutet keine Sklaverei der Frau in der Ehe, wie auch Jesus kein Sklave seines Vaters war und ist.
Aber es bedeutet Segen, wenn sich ein Ehepaar unter die Ordnungen Gottes stellt und diese von Herzen annimmt und danach lebt!

Die Frau ist die Hilfe des Mannes

Diesen Leitgedanken verdeutlicht uns Gott schon in seiner Schöpfung, wenn er sagt: *Es ist nicht gut, dass der Mensch allein sei. Ich will ihm eine Hilfe* (LÜ: Gehilfin) *machen, die ihm entspricht.* (1.Mo.2,18)

Paulus wiederum nimmt auch hier das Bild des Leibes, indem er das Verhältnis eines Mannes zu seiner Familie (Frau) beschreibt.

Das Haupt ist eng mit dem Körper verbunden. Es kann sich nicht selbst stützen und ist vollkommen auf die Mitarbeit und Hilfe des Leibes angewiesen.

Ohne dessen Unterstützung, kann das Haupt nicht funktionieren; und es ist ohne den Leib auch kein Haupt!

Folglich kann der Mann nur mit seiner Frau gemeinsam Haupt sein, weil eine völlige Abhängigkeit voneinander besteht!
Der Gedanke, hier dem einen vor dem anderen nun den Vorrang einzuräumen, ist Paulus daher völlig fremd.
Denn es würde jeder letztlich sich selbst schaden, wollte er dem anderen einen Schaden zufügen!

Haupt und Glieder sind ein Leib, und stehen nie im Kampf um Rechte gegeneinander.

Vielmehr sorgt der Leib für das Haupt und umgekehrt!

Und was der Leib erleidet, leidet auch das Haupt, und was der eine für den anderen tut, das tut er auch für sich! Darum schreibt Paulus:

So sollen auch die Männer ihre Frauen lieben, wie ihren eigenen Leib. Wer seine Frau liebt, der liebt sich selbst. Denn niemand hat je sein eigenes Fleisch gehasst, sondern er nährt und pflegt es. (Eph.5,28+29)

Die Vertreter der Emanzipationslehre dagegen zerschneiden das von Gott gewollte Bild, indem sie die Einheit von Mann und Frau nicht mehr anerkennen und damit das Haupt vom Leib trennen. In diesem Zustand redet man beiden ein, sie seien gleichberechtigt.
Aber Gott sieht Mann und Frau als **einen Körper, ein Fleisch, eine Einheit**. Und in dieser Einheit haben beide unterschiedliche Aufgaben und unterschiedliche Beiträge zu leisten, wie die verschiedenen Glieder eines Körpers.

Gott schuf das Haupt, das aber unabhängig nicht existieren kann und deshalb seine „Entsprechung“ benötigt!

Jedes Haupt braucht einen Leib, und so ist es auch von Gott gedacht, dass jeder Mann eine Frau, oder wie Luther sich ausdrückt, eine Gehilfin benötigt!

Denn Gott erkannte ja: *Es ist nicht gut, dass der Mensch allein sei; ich will ihm eine Gehilfin machen, die ihm entspricht!* (1.Mo.2,18)

Bei Gott ist also nicht die Rede von einer untergebenen, willenlosen Befehlsempfängerin, als vielmehr von einer Hilfe (Gehilfin), die dem Mann in allen Belangen entspricht – ein ebenbürtiges Gegenüber, eine Partnerin!

Diese Partnerschaft findet ihren Sinn und ihre Erfüllung darin, dass die Frau als Ergänzung fungiert, wo der Mann an seine Grenzen stößt.
Denn Gott hat auch den Männern Begrenzungen gegeben, so dass sie es ohne die Frau nicht schaffen, das zu sein, was sie nach Gottes Plan sein sollen.

Die Frau ist die von Gott erschaffene eine Hälfte, die zur Ergänzung der anderen Hälfte dringend gebraucht wird!

Das Wort Gottes widerlegt uns jene These, dass die Lebensaufgabe einer Frau einzig und allein darin besteht, Essen zu kochen, Strümpfe zu stopfen, Windeln zu wechseln und dabei auf weitere Befehle ihres Ehemannes zu warten!

Der Text stellt uns kein Dienstmädchen, sondern eine „Chefin“ vor!

Alles, was sie tut, geschieht, um ihren Ehemann zu unterstützen, voller Tatkraft, Kompetenz und Geschicklichkeit! **(Spr.31,10 –31)**
Sie lebt ihre Unterordnung als gleichwertige Partnerin und findet ihr Glück darin, am Erfolg ihres Mannes mitzuwirken und ihm den Rücken freizuhalten. (Spr.31,23)

Sie ist die Prokuristin ihres Mannes, ausgestattet mit allen erforderlichen Vollmachten!

Gleichzeitig ist sie die Inspekteurin der Familie und der Manager des Hauses.

Ohne ihre tatkräftige Unterstützung ist es ihrem Mann nicht möglich, in seine Aufgabe(n) hineinzuwachsen!

Was aber, wenn die Frau intelligenter als der Mann ist?

Paulus schreibt:
Die Frau begegne dem Mann mit Ehrfurcht! (Eph.5,33)

Dies bedeutet also mit Respekt!

Weiß der Mann sich von seiner – ihm überlegenen Frau – respektiert, muss er sich nicht in der Welt selbst etwas beweisen!

Die „Selbstbestätigung“ im Beruf oder am Stammtisch ist dann nicht mehr nötig, weil sich der Mann von seiner Frau angenommen weiß, wenn sie ihm die nötige Anerkennung entgegenbringt!

Genauso, wie sich Jesus freiwillig seinem Vater unterstellte, ist auch die Freiwilligkeit bezüglich der Unterordnung der Frau von größter Bedeutung!

An der Liebesbeziehung des Vaters zum Sohn und umgekehrt erkennen wir, wie der Mann mit seiner Berufung, Haupt zu sein, umgehen soll!

Das Haupt unterwirft sich niemals dem Leib

Das Zusammenspiel von Haupt und Gliedern funktioniert nicht durch Zwang, sondern in gegenseitiger Harmonie.
Denn Jesus hat sich seine Gemeinde nie mit Zwang unterworfen!
Dies ist auch der Unterschied zu allen anderen „Weltreligionen“!
Er gewann und gewinnt bis heute jedes Herz seiner Gläubigen durch Liebe; und die ihm glauben, erwidern diese Liebe und folgen ihm von Herzen nach, wie eine Braut ihrem Bräutigam folgt.

Diese Nachfolge wird die Frau aber niemals aufgrund einer Willkürherrschaft ihres Mannes tun, sondern nur aufgrund seiner Liebe und Fürsorge, die sie seitens ihres Mannes spüren und erfahren darf! Paulus schreibt hierzu:

Ihr Männer, liebt eure Frauen, wie auch der Christus die Gemeinde geliebt und sich für sie hingegeben hat! (Eph.5,25)

Jesus war und ist in allen Dingen seiner Gemeinde ein Vorbild!

Das ist die Verantwortung eines Hauptes, das dem Leib vorsteht. *Somit soll auch der Mann in allen Dingen seiner Frau ein Vorbild sein!*
Dazu gehört für den christlichen Ehemann zuerst, dass er eine gesunde, lebendige Beziehung zu Gott, seinem Wort und seinen Geboten hat, wie sie der Sohn Jesus zum Vater hatte und hat.

Es ist für ihn so wichtig, wie es bei Jesus war, täglich die Nähe Gottes im Gebet zu suchen und mit ihm Gemeinschaft zu haben.
Es ist wichtig, den gesagten und gebeteten Worten auch die entsprechenden Taten folgen zu lassen!
Denn nur so wird er seiner Familie zum Glaubensvorbild und sie wird sich ihm unterordnen.

Die geistliche Reife verschafft ihm die notwendige Autorität!
Auch bei Jesus war dies nicht anders.
Seine Jünger sahen sein Gebetsleben, seine Wahrhaftigkeit, Zuverlässigkeit, seinen Gehorsam und seine Treue. Was er lehrte, tat er auch und was er versprach, das hielt er!

Es geht also nicht darum, völlig verzweifelt um die Stellung als Haupt in der Ehe und Familie zu kämpfen, als vielmehr darum, von Gott gereinigt und geheiligt zu werden und den guten Kampf des Glaubens zu kämpfen!

Dazu ist es notwendig, sich von Gott zurüsten und in sein Bild verwandeln zu lassen!

Jesus gab alles für seine Gemeinde

Joh.13,1-8

Die Liebe Jesu seiner Gemeinde gegenüber ging so weit, dass er sein Leben für seine Braut hingab!
Wenn sich ein Mann verantwortlich für seine Familie zeigt, und seine Liebe nicht nur in Worten besteht, sondern er bereitwillig, wie Jesus, auch Opfer bringt und sich für die Seinen hingibt, dann wird diese Liebe in großem und wunderbarem Maße erwidert werden.

Sehr gern wird dieser Mann als Haupt anerkannt sein, denn das Haupt bietet Geborgenheit und Schutz!

Jesus lebt es uns vor:

*Haupt zu sein bedeutet **nicht** herrschen, unterdrücken oder tyrannisieren, **sondern** es bedeutet* **zu dienen**!

Jesus diente den Seinen, obwohl er wusste, *dass ihm der Vater alles in seine Hände gegeben hatte und dass er von Gott gekommen war und zu Gott ging!* (Joh.13,3)

Jesus wusste also, dass er der Herr und das Haupt war und ist! Dennoch war er *demütig* und wusch seinen Jüngern die Füße!

Weil Petrus dachte, dass dies nicht angemessen für seinen Herrn war, wollte er Jesus bremsen.

Aber Jesus verdeutlichte ihm, dass er nur auf diese Weise einen Teil an ihm haben würde, wenn er es geschehen lässt!

Und Jesus wird noch deutlicher, wenn er sagt:

Der Menschensohn ist nicht gekommen, dass er sich dienen lasse, sondern dass er diene und sein Leben gebe als Lösegeld für viele! (Mk.10,45)

Dies ist auch die Aufgabe eines Mannes als Haupt in seiner Ehe und Familie, zu dienen und nicht, sich dienen zu lassen!

Dies ist nicht unwürdig für ein Haupt, denn Jesus, das Haupt der Gemeinde hat gesagt:
Der Größte unter euch soll euer Diener sein. Denn wer sich selbst erhöht, der wird erniedrigt, und wer sich selbst erniedrigt, der wird erhöht werden! (Mt.23,11+12)

Das wahre Haupt erniedrigt sich und dient mit Freuden!

Dies ist der Ausdruck wahrer Liebe den Deinen gegenüber, die dir mit Achtung und Respekt begegnen werden und dich als Haupt von Herzen akzeptieren werden.

Gottes geplante Einheit

(Mt.19,4-6)

Von Anbeginn der Schöpfung hatte Gott Mann und Frau als eine Einheit gedacht. Und zwar eins mit sich selbst und mit ihm!
Deshalb setzte er beide in den Garten Eden und pflegte dort engste Gemeinschaft mit Adam und Eva.

Was heute viele Ehepaare leben, ist genau das Gegenteil davon.

Es herrscht zwar ein Mehr oder weniger miteinander leben, aber das Wichtigste, - **Gott** – spielt in den meisten Beziehungen keine Rolle mehr.

Damit entzieht sich der Mensch dem so dringend nötigen Grundbaustein, der doch die Grundlage alles Seins ist.

Ohne Gott wäre der Mensch nicht, und somit auch keine Beziehung oder Ehe!

Deshalb ist es wichtig, eine gesunde Kommunikation zu üben – sowohl zwischen uns und Gott (siehe Adam & Eva **vor** dem Sündenfall), als auch als Ehepartner untereinander!

Die Kommunikation in der Ehe

Um zu unterscheiden, was eine gute (sinnvolle) Kommunikation ist und was nicht, müssen wir wissen, was ihr dienlich ist und was ihr schadet.

Was ist für eine Kommunikation **tödlich**?

1. Reden, ohne Unterlass

Es muss eine Ausgewogenheit herrschen, zwischen Reden und Zuhören!

Wenn ich immer nur meine Gedanken oder Sorgen etc. in den Vordergrund stelle und mein Gegenüber damit ständig überschütte, kann kein Gedankenaustausch entstehen. Ebenso ist auch **überflüssiges Gerede** ermüdend für den, der zuhört.

2. Zuviel Schweigsamkeit

Durch notorisches Schweigen versuchen Ehepartner einer Konfliktsituation aus dem Weg zu gehen.

Jedoch führt ein solches Verhalten in eine Sackgasse und niemals zum Ziel, die Auseinandersetzung gemeinsam zu lösen.

Gottes Wort zeigt uns auf: *Es gibt eine Zeit zum Schweigen und eine Zeit zum Reden*! (Pred.3,7)

Wenn Gott selbst diese Zeiten festgelegt hat, dann sollten wir sie auch seinem Willen gemäß nutzen und die Zeit auskaufen! (Eph.5,16)

3. Maßlose Übertreibungen

Ständiges Aufbauschen einer Sache und das damit verbundene maßlose Übertreiben in der Sache (*ständig machst du dies; immer muss ich das...*) lassen einer sachgemäßen Kommunikation keinen Raum.

4. Verantwortung abwälzen

Immer ist der Andere schuld. Mich selbst kann keine Schuld treffen, weil ich es immer sehr gut verstehe, ein Problem auf einfache Art los zu werden. Entweder ist mein Partner, oder aber der Umstand selbst der Anstoß des Problems.

(siehe Adam & Eva; 1.Mo.3,1-8)

5. Jähzorn

Auch hier verhält es sich ähnlich, wie bei dem Vorgenannten.

Wie leicht fällt es uns doch, immer auf die Schwächen und Fehler des Anderen zu zeigen und/oder ihn ständig darauf aufmerksam zu machen. Das Problem unserer Tage ist auch hier, dass viele Paare um diese Dinge wissen, aber nicht miteinander reden.

Auch hier brauchen wir die Weisheit und Erkenntnis Gottes. Sein Wort lehrt uns:

Wer seine Worte zügelt, besitzt Erkenntnis; und wer kühlen Geist bewahrt, ist ein verständiger Mann! (Spr.17,27)

Es ist also wichtig, dass wir uns nicht von unserem Zorn überwältigen lassen, sondern auch hier – wie in allen Dingen den Geist Gottes zu Rate ziehen und uns Klarheit und Weisheit schenken lassen.

Und wenn es doch einmal Streit gibt?

Dann ist es wichtig, dass wir auf der einen Seite niemals Dinge in uns hineinfressen oder mit unserem Groll ins Bett gehen.

Vergebung und Aussprache sind der Schlüssel, selbst dann, wenn unser Groll einmal berechtigt ist. Gott lehrt uns hier:

Deshalb legt die Lüge ab und redet Wahrheit, ein jeder mit seinem Nächsten! Denn wir sind untereinander Glieder. Zürnet und sündigt dabei nicht! Die Sonne gehe nicht unter über eurem Zorn und gebt dem Teufel keinen Raum! (Eph.4,25-27)

6. Den Partner nicht ausreden lassen

Dies bedeutet, dass wir uns in Geduld üben müssen, wenn unser Partner redet, auch oder gerade dann, wenn es uns schwer fällt. Jesus hat selbst die Pharisäer immer ausreden lassen, ohne ihnen mitten im Satz ins Wort zu fallen.

Dies gilt vor allem bei sogenannten Streitgesprächen!

Das sogenannte „reinigende Gewitter“ tut jeder Ehe gut und ist sogar notwendig. Jedoch ist es an beiden Partnern gelegen, dies nicht in einen totalen Konflikt ausarten zu lassen. Ein solcher Streit ist eher zerstörerisch, als aufbauend.

Was **fördert** eine gute Kommunikation?

1. Zeit, Geduld

Man braucht Zeit, um eine gute Gesprächsbasis zu schaffen. Diese erreicht man wiederum dadurch, dass man nicht im Vorbeigehen miteinander redet, sondern seinem Partner die Zeit gibt, sich zu erklären. Dabei ist es wichtig, über alles zu reden und keinerlei Geheimnisse voreinander zu haben.

Dies wiederum bringt es mit sich, dass man füreinander Verständnis aufbringt und sich gegenseitig vergeben kann.

2. Aufrichtigkeit

Das Eine schließt das Andere nicht aus! Und es funktioniert auch nur alles miteinander!
Wir tun gut daran, uns als Partner gegenseitig **nie** zu belügen! (Kol.3,8-10)

3. Vertrauen

Gegenseitiges Vertrauen ist der Schlüssel und die Grundlage für eine gute und intakte Ehe!

Vertrauen heißt, ***sich auf den anderen verlassen können, ihm nicht nachspionieren zu müssen, dass, was er sagt als wahrhaftig und gegeben akzeptieren zu können***.

Zwar sagt uns Gottes Wort zurecht, dass wir nicht auf Menschen, sondern auf ihn vertrauen sollen, (Jer.17,7; Spr.3,5) jedoch sollen und dürfen wir Gott darum bitten und für unseren Partner beten, dass auch er letztlich nur auf Gott vertraut und so das gegenseitige Vertrauen erwachsen und stark werden kann.

Dieses Vertrauen beinhaltet, dass die Liebe Gottes in unseren Herzen wohnt, die es uns letztlich ermöglicht, zu vergeben und zu verzeihen! (1.Kor.13, 4-7)

Daraus erwächst die

4. Vollständige Annahme

Wenn ich diese Liebe in mir habe, kann ich meinen Partner so annehmen, wie er ist – mit all seinen Stärken und Schwächen.

Wie in allem ist auch Jesus hier unser Vorbild. Denn er hat uns so angenommen, wie wir sind. Paulus schreibt hierzu:

Darum nehmt einander an, wie auch der Christus uns angenommen hat, zur Ehre Gottes! (Rö.15,7)

5. Bereitschaft zum Vergeben

Vergebung ist eine entscheidende Grundlage für eine gelungene Kommunikation in der Ehe!

Dies bedeutet, dass wir gegenseitig keine alten Geschichten aufwärmen, über die wir miteinander gesprochen haben und wo bereits gegenseitige Vergebung ausgesprochen wurde.

Wenn Gott uns ständig unsere Vergangenheit vorwerfen würde, hätte er Jesus überhaupt nicht in diese Welt zu senden brauchen.

Wenn Gott uns aber durch Jesus vergeben konnte, so sollten wir, die wir den alten Menschen aus – und den neuen angezogen haben, ebenfalls zur Vergebung bereit sein können. Der Grundbaustein zur Vergebung ist die Liebe!

Das Wort Gottes sagt uns: *Gott ist nicht ein Gott der Unordnung, sondern des Friedens!* (1.Kor.14,33)

Somit können wir - gerade auch was die Ehe betrifft- letztlich auch nur von Gott erwarten, dass durch IHN in die Ehen wieder Frieden einkehrt!

Wie geschieht das?

Es bedarf dazu einer völligen Erneuerung unseres alten Menschen, die ebenfalls nur von/durch Gott geschehen kann, denn er ist unser Schöpfer!

So, wie es unmöglich ist, mit unserem gefallenen Menschen und aus uns selbst eine neue Beziehung zu Gott herzustellen, so ist dies auch aus uns nicht zu unserem Mitmenschen oder Ehepartner möglich!

Darum betont Jesus Christus auch, wie wichtig es ist, dass wir neu geschaffen werden müssen.

Denn der Mensch, der von Jugend an böse ist, kann in den Augen Gottes nichts Gottgefälliges vollbringen!

Das neue Wesen, welches dazu nötig ist, bezeichnet Jesus als neue Geburt! Er sagt zu Nikodemus:

Wenn jemand nicht von neuem geboren wird, so kann er das Reich Gottes nicht sehen! (Joh.3,3)

Dies ist auch der Schlüssel für eine harmonische und intakte Ehe!

Denn jedes Ehepaar, dass durch den Glauben und den Heiligen Geist wiedergeboren ist, ist wieder eins; und zwar mit dem Partner und mit Gott!

Denn darin werden die Worte Jesu erfüllt, welche er betet:

... damit sie alle eins seien, gleichwie du, Vater, in mir und ich in dir; auf das auch sie in uns eins seien! (Joh.17,21)

Die Einheit ist also der tiefste und innigste Wunsch Jesu!

Gott sagt ja zur Sexualität

Das Wort „Sex“ ist aus dem Englischen entlehnt und bedeutet schlicht „Geschlecht“.

Die Bibel kennt die Rede über Sexualität als Ausdruck für reinen Geschlechtsverkehr nicht. Stattdessen finden wir darin folgende **zwei** Redeweisen:

- Ein Mann erkennt seine Frau

Dies ist die biblische Bezeichnung für den Liebesakt, aus welchem Kinder hervorgehen. (1.Mo.4,1)

- Mann und Frau werden ein Fleisch

Hier geht es im Wort Gottes um mehr, als nur um den sexuellen Bereich.

Eins werden meint einen Prozess des Zusammenwachsens

- einen gemeinsamen Namen tragen
- in einer gemeinsamen Wohnung leben
- gemeinsame Lebensvisionen entwerfen
- miteinander schlafen

Jeder dieser Teilaspekte ist ein Stück vom Ganzen. Alle zusammengenommen versteht die Bibel als den Begriff „ein Fleisch werden!"

Eins werden bedeutet zusammenwachsen in allen diesen Teilbereichen!

Und dieses ***Eins werden*** *ist es, was Gott unter dem Begriff* ***Ehe*** *versteht.* Gott, der bei seiner Schöpfung dem einen Menschen Adam einen Teil (Rippe) entnahm, ist am meisten daran interessiert, dass diese Zweiheit nun wieder gänzlich zur Einheit zusammenschmilzt. (1.Mo.2,23+24)

Dieses Verschmelzen bedeutet nicht, dass der Eine über den anderen z. B. beim Verkehr bestimmen kann, sondern auch dies muss in **beiderseitiger Achtung und Ehrerbietung geschehen.** (1. Kor.6,12)

Mute deinem Partner nichts zu, was du dir nicht selbst antun (lassen) würdest!

Aber Gott bezieht dies nicht allein auf die sexuelle Vereinigung, sondern auf das Leben insgesamt!

Diese Einheit kann nur durch Selbstaufgabe entstehen, wie dies auch Jesus seiner Gemeinde vorgelebt hat!

Er hat sich ganz dafür hingegeben und hat **alles**, sogar sein Leben für sie gelassen.

Nur die Bereitschaft, in dem anderen aufzugehen, für ihn zu leben, ihn zu unterstützen, für ihn völlig da zu sein schafft die Einheit, wie sie sich Jesus auch für uns wünscht und erbetet!

Daran wird man auch die Früchte einer Ehe erkennen, denn Jesus sagt:
Wenn das Weizenkorn nicht in die Erde fällt und erstirbt, bleibt es allein, wenn es aber stirbt, bringt es viel Frucht! (Joh.12,24)

Durch seine Selbstaufgabe, die ihn ans Kreuz führte, hat Jesus uns mit sich eins gemacht.
Durch sein Sterben ist es uns möglich, in dieser Erneuerung zu leben und in und mit ihr auch unsere Ehe zu führen!

Souveräne Freiheit – auch bei der Sexualität – schenkt uns der Heilige Geist im Glauben.
Wir dürfen genießen, was Gott uns mit der Geschlechtlichkeit geschenkt hat. Wir sollen aber von nichts und niemandem abhängig werden, nicht in eine Not kommen, durch die wir Gott nicht mehr frei gehorchen können!

Unsere Freiheit in allem ist teuer erkauft – durch den Tod von Jesus Christus!

Deshalb mahnt Paulus: *Werdet nicht Sklaven von Menschen*! (1.Kor.7,23)

Und er schreibt an die Galater:

Ich bin mit Christus gekreuzigt, und nicht mehr lebe ich, sondern Christus lebt in mir! (Gal.2,20)

Dies sind Schlüsselworte für eine Gottgefällige Ehe!

Denn wer dies erkannt hat, weiß, dass der alte Mensch, der nur egoistisch lebte und dachte, nicht mehr existent ist, weil der Christus in mir lebt, durch den ich nun ein neues Leben führe! Ich lebe nicht mehr für mich selbst! Dies bedeutet für die Ehe:

Ich halte nichts mehr vor dem anderen zurück.

Alles, was der Mann besitzt, gehört seiner Frau und umgekehrt.

Vorbehalte und Geheimnisse gibt es nicht mehr; man ist ehrlich zueinander.

Es ist ein Handeln und ein Miteinander, wie es Ruth zu Naomi sagte:

Wo du hingehst, will ich auch hingehen, und wo du bleibst, da bleibe ich auch. Dein Volk ist mein Volk, und dein Gott ist mein Gott! (Rt.1,16+17)

Deine Gemeinde ist meine Gemeinde, deine Familie ist meine, ebenso wie dein Haus, Geld, deine Krankheit oder Gesundheit, dein Erfolg oder Misserfolg. Dein Körper ist mein Körper, deine Zukunft meine Zukunft etc.

Dies meint Gott, wenn er sagt: *Sie sind nicht mehr zwei, sondern eins!*

Gott spricht nicht von Vertragspartnern, sondern von einer Verschmelzung in ihm und durch seinen Geist!

Die Kraft zu einer solchen Ehe liegt nicht an unserem guten Willen oder an unserem fest vorgenommenen Vorsatz, sondern allein bei Gott, der sie uns durch Jesus schenkt.

Diese Kraft der Liebe wartet nicht, bis sie sich sicher sein kann, dass sie auch genauso erwidert wird!

Denn dies hat Jesus auch nicht getan. ***Er hat uns zuerst geliebt, ohne Vorbedingungen, sogar bis zum Tod!*** (1.Joh.4,19)

Eine Ehe nach Gottes Plan und Wort kennt keine Vorbehalte oder Bedingungen, ***sondern bedingungslose Hingabe!***

Jesus tat dies für uns – tun wir es doch für unseren Ehepartner, aus demselben Motiv, wie Jesus:

Aus Liebe!

Zwei sind besser dran, als ein einzelner, weil sie einen guten Lohn für ihre Mühe haben. Denn wenn sie fallen, so richtet der eine seinen Gefährten auf. Wehe aber dem Einzelnen, der fällt, ohne dass ein zweiter da ist, ihn aufzurichten! Auch wenn zwei beieinander liegen, so wird ihnen warm. Dem einzelnen aber, wie soll ihm warm werden?
Und wenn einer den einzelnen überwältigt, so werden doch die zwei ihm widerstehen; und eine dreifache Schnur wird nicht so schnell zerrissen.
Pred.4,9-12

Bibelstellen

1.Mo.2,18-25:
18 Und Gott der HERR sprach: Es ist nicht gut, dass der Mensch
allein sei; ich will ihm eine Hilfe machen, die ihm entspricht. 19 Und
Gott der HERR bildete aus dem Erdboden alle Tiere des Feldes und
alle Vögel des Himmels, und er brachte sie zu dem Menschen, um zu
sehen, wie er sie nennen würde; und genau so wie der Mensch sie,
die lebenden Wesen, nennen würde, so sollte ihr Name sein.
20 Und der Mensch gab Namen allem Vieh und den Vögeln des
Himmels und allen Tieren des Feldes. Aber für Adam fand er keine
Hilfe, ihm entsprechend. 21 Da ließ Gott, der HERR einen tiefen
Schlaf auf den Menschen fallen, so dass er einschlief. Und er nahm
eine von seinen Rippen und verschloss ihre Stelle mit Fleisch; 22
und Gott, der HERR, baute die Rippe, die er von dem Menschen
genommen hatte, zu einer Frau, und er brachte sie zum Menschen.
23 Da sagte der Mensch: Diese endlich ist Gebein von meinem
Gebein und Fleisch von meinem Fleisch; diese soll Männin heißen,
denn vom Mann ist sie genommen. 24 Darum wird ein Mann seinen
Vater und seine Mutter verlassen und seiner Frau anhängen, und sie
werden ein Fleisch werden. 25 Und sie waren beide nackt, der
Mensch und seine Frau, und sie schämten sich nicht.

Mt.19,4-6:
4 Er aber antwortete und sprach: Habt ihr nicht gelesen, dass der,
welcher sie schuf, sie von Anfang an <als> Mann und Frau schuf 5
und sprach: »Darum wird ein Mensch Vater und Mutter verlassen
und seiner Frau anhängen, und es werden die zwei ein Fleisch sein 6
so dass sie nicht mehr zwei sind, sondern ein Fleisch? Was nun Gott
zusammengefügt hat, soll <der> Mensch nicht scheiden.

1.Mo.1,27+28:
27 Und Gott schuf den Menschen nach seinem Bild, nach dem Bild Gottes schuf er ihn; als Mann und Frau schuf er sie.
28 Und Gott segnete sie, und Gott sprach zu ihnen: Seid fruchtbar und vermehrt euch, und füllt die Erde, und macht sie euch untertan; und herrscht über die Fische des Meeres und über die Vögel des Himmels und über alle Tiere, die sich auf der Erde regen.

1.Mo.9,1:
Und Gott segnete Noah und seine Söhne und sprach zu ihnen: Seid fruchtbar, und vermehrt euch, und füllt die Erde.

Ps.127,3+4:
3 Siehe, ein Erbe vom HERRN sind Söhne, eine Belohnung der Leibesfrucht. 4 Wie Pfeile in der Hand eines Helden, so sind die Söhne der Jugend.

Mal.2,14-16:
14 Ihr sagt: Weswegen? Deswegen, weil der HERR Zeuge gewesen ist zwischen dir und der Frau deiner Jugend, an der du treulos gehandelt hast, wo sie doch deine Gefährtin ist und die Frau deines Bundes. 15 Und hat er sie nicht zu Einem gemacht? Zu einem Fleisch, in dem Geist ist. Und was erstrebt das Eine? Nachkommenschaft von Gott. So hütet euch bei eurem Leben! 16 Und an der Frau deiner Jugend handle nicht treulos! Denn ich hasse Scheidung, spricht der HERR, der Gott Israels, ebenso wie wenn man sein Gewand mit Unrecht bedeckt, spricht der HERR der Heerscharen. So hütet euch bei eurem Leben und handelt nicht treulos!

1.Mo.30,1:
Und als Rahel sah, dass sie dem Jacob nicht gebar, da war Rahel auf ihre Schwester eifersüchtig und sagte zu Jacob: Gib mir Kinder! Und wenn nicht, dann sterbe ich.

1.Sam.1,1-11:
1 Es war ein Mann von Ramatajim-Zofim, vom Gebirge Ephraim,
und sein Name war Elkana, ein Sohn des Jeroham, des Sohnes
Elihus, des Sohnes Tohus, des Sohnes Zufs, ein Ephraimiter. 2 Und
er hatte zwei Frauen; der Name der einen war Hanna und der Name
der anderen Peninna; Peninna hatte Kinder, aber Hanna hatte keine
Kinder. 3 Und dieser Mann ging Jahr für Jahr aus seiner Stadt
hinauf, um den HERRN der Heerscharen anzubeten und ihm in Silo
zu opfern. Dort aber waren die beiden Söhne Elis, Hofni und Pinhas,
Priester des HERRN. 4 Und es geschah immer an dem Tag, wenn
Elkana opferte, dann gab er seiner Frau Peninna und all ihren Söhnen
und Töchtern die ihnen zukommenden Anteile; aber Hanna gab er
den doppelten Anteil. 5 Denn Hanna hatte er lieb, aber der HERR
hatte ihren Mutterleib verschlossen.
6 Und ihre Widersacherin reizte sie mit vielen Kränkungen, um sie
zu demütigen, weil der HERR ihren Mutterleib verschlossen hatte. 7
So geschah es Jahr für Jahr, immer, wenn sie zum Haus des HERRN
hinaufzog, reizte jene sie. Dann weinte sie und aß nicht. 8 Aber
Elkana, ihr Mann, sagte zu ihr: Hanna, warum weinst du? Und
warum und warum isst du nicht? Und warum ist dein Herz betrübt?
Bin ich dir nicht mehr wert, als zehn Söhne? 9 Da Stand Hanna auf,
nachdem sie in Silo gegessen und getrunken hatten. Der Priester Eli
aber saß auf einem Stuhl am Türpfosten des Tempels des HERRN.
10 Und sie war in ihrer Seele verbittert, und sie betete zum HERRN
und weinte sehr. 11 Und sie legte ein Gelübde ab und sprach: HERR
der Heerscharen!
Wenn du das Elend deiner Magd ansehen und meiner gedenken und deine Magd nicht vergessen wirst und deiner Magd einen männlichen Nachkommen wirst, so will ich ihn dem HERRN alle

Tage seines Lebens geben. Und kein Schermesser soll auf sein Haupt kommen.

1.Mo.4,23:
Und Lamech sprach zu seinen Frauen: Ada und Zilla, hört meine Stimme! Frauen Lamechs, horcht auf meine Rede! Fürwahr, einen Mann erschlug ich für meine Wunde und einen Knaben für meine Strieme.

5.Mo.21,15-17:
15 Wenn ein Mann zwei Frauen hat, eine geliebte und eine gehasste
und sie gebären ihm Söhne, die geliebte und die gehasste, und der
erstgeborene Sohn ist von der gehassten,
16 dann soll es geschehen an dem Tag, an dem er seine Söhne erben
lässt, was ihm gehört, dass er nicht den Sohn der geliebten zum
Erstgeborenen machen kann gegen den Sohn der gehassten, der doch
der Erstgeborene ist. 17 Vielmehr soll er den Erstgeborenen, den
Sohn der gehassten, anerkennen, dass er ihm zwei Teile von allem
gibt, was sich bei ihm findet. Denn er ist der Erstling seiner Kraft,
ihm gehört das Recht der Erstgeburt.

2.Mo.20,17:
Du sollst nicht das Haus deines Nächsten begehren. Du sollst nicht begehren die Frau deines Nächsten, noch seinen Knecht, noch seine Magd, weder sein Rind, noch seinen Esel, noch irgendetwas, was deinem Nächsten gehört.

Spr.31,10-31:
10 Eine tüchtige Frau- wer findet sie? Weit über Korallen geht ihr
Wert. 11 Ihr vertraut das Herz ihres Mannes, und an Ausbeute wird
es ihm nicht fehlen. 12 Sie erweist ihm Gutes und nichts Böses, alle
Tage ihres Lebens. 13 Sie kümmert sich um Wolle und Flachs und

arbeitet dann mit Lust ihrer Hände. 14 Sie gleicht Handelsschiffen,
von weit her holt sie ihr Brot herbei. 15 Und sie steht auf, wenn es
noch Nacht ist und gibt Speise ihrem Haus und das Angemessene
ihren Mägden.
16 Sie hält Ausschau nach einem Feld und erwirbt es, von der Frucht
ihrer Hände pflanzt sie einen Weinberg. 17 Sie gürtet ihre Lenden
mit Kraft und macht ihre Arme stark. 18 Sie merkt, dass ihr Erwerb
gut ist, auch nachts erlischt ihre Lampe nicht. 19 Sie streckt ihre
Hände aus, nach der Spinnrolle und ihre Finger ergreifen die
Spindel. 20 Ihre Hand öffnet sie dem Elenden, und streckt ihre
Hände dem Armen entgegen.
21 Nicht fürchtet sie für ihr Haus den Schnee, denn ihr ganzes Haus
ist in Karmesinstoffe gekleidet. 22 Decken macht sie sich, Byssus
und roter Purpur sind ihr Gewand. 23 Ihr Mann ist bekannt in den
Toren, wenn er Sitzung hält mit den Ältesten des Landes. 24
Kostbare Hemden macht sie und verkauft sie, und Gürtel liefert sie
dem Kaufmann. 25 Kraft und Hoheit sind ihr Gewand, und
unbekümmert lacht sie dem nächsten Tag zu. 26 Ihren Mund öffnet
sie mit Weisheit und freundliche Weisung ist auf ihrer Zunge. 27 Sie
überwacht die Vorgänge in ihrem Haus, und das Brot der Faulheit
isst sie nicht. 28 Es treten ihre Söhne auf und preisen sie glücklich,
ihr Mann tritt auf und rühmt sie. 29 Viele Töchter haben sich als
tüchtig erwiesen, du aber übertriffst sie alle. 30 Trügerisch ist
Anmut und nichtig die Schönheit, eine Frau aber, die den HERRN
fürchtet, die soll man rühmen. 31 Gebt ihr von der Frucht ihrer
Hände, und in den Toren sollen ihre Werke sie rühmen.

1.Mo.34,4:
Und Sichem sagte zu seinem Vater Hamor: Nimm mir dieses Mädchen zur Frau!

1.Mo.38,6-8:
6 Und Juda nahm für seinen Erstgeborenen Er eine Frau, deren
Name war Tamar. 7 Aber Er, der Erstgeborene Judas, war böse in

den Augen des HERRN, so ließ der HERR ihn sterben. 8 Da sagte Juda zu Onan: Geh zu der Frau deines Bruders ein, und geh mit ihr die Schwagerehe ein, und lass deinem Bruder Nachkommen erstehen.

Ri.14,2:
Und er ging wieder hinauf und berichtete es seinem Vater und seiner Mutter und sagte: Ich habe in Timna eine Frau von den Töchtern der Philister gesehen. Und nun nehmt sie mir doch zur Frau!

1.Mo.24,2-4:
2 Sa sagte Abraham zu seinem Knecht, dem ältesten seines Hauses, der alles verwaltete, was er hatte: Lege doch deine Hand unter meine Hüfte! 3 Ich will dich schwören lassenbei dem HERRN, dem Gott des Himmels und dem Gott der Erde, dass du meinem Sohn nicht eine Frau von Töchtern der Kanaaniter nimmst, in deren Mitte ich wohne. 4 Sondern du sollst in mein Land und zu meiner Verwandtschaft gehen und dort eine Frau für meinen Sohn, für Isaak, nehmen!

2.Mo.2,16-25:
16 Nun hatte der Priester von Midian sieben Töchter; die kamen, schöpften Wasser und füllten die Tränkrinnen, um die Herde ihres Vaters zu tränken.
17 Aber die Hirten kamen und trieben sie weg. Da stand Mose auf und half ihnen und tränkte ihre Herde.
18 Als sie nun zu ihrem Vater Reguel kamen, sagte er: Warum seid ihr heute so früh gekommen?

19 Sie antworteten: Ein ägyptischer Mann hat uns aus der Gewalt der Hirten befreit und er hat sogar eifrig für uns geschöpft und die Herde getränkt.
20 Da sagte er zu seinen Töchtern: Und wo ist er? Warum habt ihr denn den Mann draußen gelassen? 21 Ladet ihn doch ein, damit er Brot mit uns isst. Und Mose willigte ein, bei dem Mann zu bleiben. Und er gab Mose seine Tochter Zippora zur Frau. 22Die gebar einen Sohn, und er gab ihm den Namen Gersom, indem er sagte: Ein Fremder bin ich in einem fremden Land geworden. 23 Und es geschah während jener vielen Tage, da starb der König von Ägypten; und die Söhne Israels seufzten wegen ihrer Arbeit und schrieen um Hilfe. Und ihr Geschrei wegen der Arbeit stieg auf zu Gott. 24 Da hörte Gott ihr Ächzen, und Gott dachte an seinen Bund mit Abraham, Isaak und mit Jakob. 25 Und Gott sah nach den Söhnen Israel, und Gott kümmerte sich um sie.

Rt.2,7-8:
7 Sie hat gesagt, ich möchte gern mit auflesen und hinter den Schnittern her etwas von den Ähren aufsammeln. So ist sie gekommen und da geblieben. Vom Morgen an bis jetzt, hat sie sich im Haus nur wenig ausgeruht. 8 Und Boas sagte zu Rut: Höre mir zu, meine Tochter! Gehe nicht zum Auflesen auf ein anderes Feld, geh auch nicht von hier fort, sondern halte dich da zu meinen Mägden.

Ri.5,30:
Finden sie nicht, teilen sie nicht Beute? Ein Mädchen, zwei Mädchen auf den Kopf eines Mannes?

Ri.21,19-22
19 Und sie sagten: Siehe, da ist doch ein Fest des HERRN von Jahr zu Jahr in Silo, dass nördlich von Bethel liegt, gegen Sonnenaufgang von der Straße, die von Bethel nach Sichem hinaufführt und südlich von Lebona. 20 Und sie befahlen den Söhnen Benjamin: Geht hin

und legt euch in den Weinbergen auf die Lauer! 21 Und wenn ihr
dann seht, siehe, die Töchter von Silo ziehen heraus, um im
Reigentanz zu tanzen, dann kommt hervor aus den Weinbergen und
fangt euch unter den Töchtern von Silo jeder seine Frau, und zieht
wieder hin ins Land Benjamin. 22 Und es soll geschehen, wenn ihre
Väter oder ihre Brüder kommen, um uns Vorwürfe zu machen,
wollen wir zu ihnen sagen: Seid barmherzig mit ihnen, sie haben zu
uns gesagt: Keiner von uns hat im Krieg gegen Jabesch seine Frau
bekommen- ihr habt sie ihnen ja nicht selbst gegeben, dass ihr jetzt
schuldig wäret.

1.Mo.34,11-12:
11 Und Sichem sprach zu ihrem Vater und zu ihren Brüdern: Lasst
mich Gunst finden in euren Augen, was ihr mir sagt, will ich geben.
12 Legt mir sehr viel auf als Heiratsgeld und als Geschenk, ich will
es geben, so wie ihr es mir sagt, nur gebt mir das Mädchen zur Frau.

Jos.15,16:
Und Kaleb sagte: Wer Kirjat-Sefer schlägt und es einnimmt, dem gebe ich meine Tochter Achsa zur Frau.

1.Sam.17,25:
Und die Männer von Israel sagten: Habt ihr diesen Mann gesehen, wie er heraufkommt? Denn er kommt nur herauf, um Israel zu verhöhnen. Und es soll geschehen, wer immer ihn erschlägt, den will der König sehr reich belohnen. Und er will ihm seine Tochter geben und will das Haus seines Vaters von Abgaben frei machen in Israel.

1.Sam.18,25:
Da sagte Saul: So sollt ihr zu David sagen: Der König fordert keine andere Heiratsgabe, als hundert Vorhäute der Philister, um an den

Feinden des Königs Vergeltung zu üben. Saul aber gedachte, David durch die Hand der Philister zu Fall zu bringen.

1.Mo.24,58:
Da sagten sie: Lasst uns das Mädchen rufen und ihren Mund befragen! Und sie riefen Rebekka und sagten zu ihr: Willst du mit diesem Mann gehen?

$.Mo.36,5-12:
5 Da befahl Mose den Söhnen Israel nach der Anweisung des
HERRN und sagte: 6 Der Stamm der Söhne Joseph redet recht. Dies
ist das Wort, dass der HERR betreffs der Töchter Zelofhads geboten
hat, indem er sprach: Sie mögen dem, der in ihren Augen gut ist, als
Frauen zuteil werden; nur sollen sie einem aus der Sippe des
Stammes ihres Vaters als Frauen zuteil werden, 7 damit nicht ein
Erbteil der Söhne Israel von Stamm zu Stamm übergehe, denn die
Söhne Israel sollen jeder am Erbteil des Stammes seiner Väter
festhalten. 8 Und jede Tochter, die ein Erbteil aus den Stämmen der
Söhne Israel besitzt, soll einem aus der Sippe des Stammes ihres
Vaters als Frau zuteil werden, damit die Söhne Israel ihr Erbteil,

9 jeder das Erbteil seiner Väter, besitzen und nicht ein Erbteil von
einem Stamm auf einen anderen Stamm übergehe. Denn die Stämme
der Söhne Israel sollen jeder an seinem Erbteil festhalten. 10 So wie
der HERR dem Mose geboten hatte, so machten es die Töchter
Zelofhads. 11 Und Machla, Tirza und Hogla und Milka und Noa, die
Töchter Zelofhads, wurden den Söhnen ihrer Onkel als Frauen zuteil.
12 Männern aus den Sippen der Söhne Manasse, des Sohnes des
Joseph, wurden sie als Frauen zuteil. Und so verblieb ihr Erbteil bei
dem Stamm der Sippen ihres Vaters.

Ri.14,3:
Da sagte sein Vater zu ihm und auch seine Mutter: Gibt es unter den Töchtern deiner Brüder und unter meinem ganzen Volk keine Frau, dass du hingehst, eine Frau zu nehmen von den Philistern, den Unbeschnittenen? Simon aber sagte zu seinem Vater: Diese nimm mir, denn sie ist in meinen Augen die richtige!

3.Mo.18,9+16:
9 Die Blöße deiner Schwester, der Tochter deines Vaters oder der Tochter deiner Mutter, im Haus geboren oder draußen geboren- ihre Blöße sollst du nicht aufdecken. 16 Die Blöße der Frau deines Bruders sollst du nicht aufdecken, es ist die Blöße deines Bruders.

5.Mo.7,1-4:
1 Wenn der HERR, dein Gott, dich in das Land bringt, in das du jetzt hineinkommst, um es in Besitz zu nehmen, und wenn er dann viele Nationen vor dir hinaustreibt: die Hetiter und die Girgasiter und die Amoriter und die Kanaaniter und die Perisiter und die Hewiter und die Jebusiter, sieben Nationen, größer und stärker als du, 2 und wenn der HERR, dein Gott, sie vor dir dahingibt, und du sie schlägst, dann sollst du unbedingt an ihnen den Bann vollstrecken.
Du sollst keinen Bund mit ihnen schließen noch ihnen gnädig sein. 3 Und du sollst dich nicht mit ihnen verschwägern. Deine Tochter darfst du nicht seinem Sohn geben, und seine Tochter darfst du nicht für deinen Sohn nehmen. 4 Denn er würde deinen Sohn von mir abwenden, dass er anderen Göttern dient und der Zorn des HERRN würde gegen euch entbrennen, und er würde dich schnell vernichten.

5.Mo.20,16-18:
Jedoch von den Städten dieser Völker, die der HERR, dein Gott, dir als Erbteil gibt, sollst du nichts lassen, was Odem hat. 17 Sondern du sollst an ihnen unbedingt den Bann vollstrecken: an den Hetitern und den Amoritern, den Kanaanitern und den Perisitern, den Hewitern und Jebusitern, wie der HERR, dein Gott, dir befohlen hat, 18 damit

sie euch nicht lehren, nach all ihren Greueln zu tun, die sie ihren Göttern getan haben, und ihr so gegen den HERRN, euren Gott, sündigt.

1.Kö.11,1-11:
1 Der König Salomo aber liebte viele ausländische Frauen, und zwar
neben der Tochter des Pharao moabitische, ammonitische,
edomitische, sidonische, hetitische, 2 von den Nationen, von denen
der HERR zu den Söhnen Israel gesagt hatte: Ihr sollt nicht zu ihnen
eingehen, und sie sollen nicht zu euch eingehen, fürwahr, sie würden
euer Herz ihren Göttern zuneigen. An diesen hing Salomo mit Liebe.
3 Und er hatte siebenhundert vornehme Frauen und dreihundert
Nebenfrauen, und seine Frauen neigten sein Herz. 4 Und es
geschah zur Zeit, als Salomo alt geworden war, da neigten seine
Frauen sein Herz anderen Göttern zu. So war sein Herz nicht
ungeteilt mit dem HERRN, seinem Gott, wie das Herz seines Vaters
David. 5 Und Salomo folgte der Astarte nach, der Göttin der
Sidonier, und dem Milkom, dem Scheusal der Ammoniter.
6 Und Salomo tat, was böse war in den Augen des HERRN, und er
folgte dem HERRN nicht so treu nach, wie sein Vater David. 7
Damals baute Salomo ein Höhe für Kemosch, das Scheusal der
Moabiter, auf dem Berg, der Jerusalem gegenüberliegt, und für
Moloch, das Scheusal der Söhne Ammon. 8 Ebenso machte er es für
all seine ausländischen Frauen, die ihren Göttern Rauchopfer und
Schlachtopfer darbrachten. 9 Da wurde der HERR zornig über
Salomo, weil er sein Herz von dem HERRN, dem Gott Israels,
abgewandt hatte, der ihm zweimal erschienen war, 10 und ihm in
dieser Sache geboten hatte, nicht anderen Göttern nachzufolgen.
Aber er hatte nicht beachtet, was der HERR ihm geboten hatte. 11
Da sprach der HERR zu Salomo: Weil dir dies bewusst war und du
meinen Bund nicht beachtet hast und meine Ordnungen, die ich dir
geboten habe, werde ich das Königreich ganz bestimmt von dir
wegreißen und es einem Knecht von dir geben.

5.Mo.25,5-10:
5 Wenn Brüder zusammen wohnen und einer von ihnen stirbt und hat keinen Sohn, dann soll die Frau des Verstorbenen nicht auswärts einem fremden Mann angehören. Ihr Schwager soll zu ihr eingehen und sie sich zur Frau nehmen und mit ihr die Schwagerehe vollziehen. 6 Und es soll geschehen: der erstgeborene, den sie dann gebiert, soll den Namen seines verstorbenen Bruders weiterführen, damit dessen Name aus Israel nicht ausgelöscht wird. 7 Wenn aber der Mann keine Lust hat, seine Schwägerin zu nehmen, dann soll seine Schwägerin ins Tor hinaufgehen zu den Ältesten und soll sagen: Mein Schwager weigert sich, seinem Bruder den Namen in Israel aufrecht zu erhalten; er will die Schwagerehe mit mir nicht eingehen. 8 Und die Ältesten seiner Stadt sollen ihn rufen und mit ihm reden. Doch stellt er sich dann hin und sagt: Ich habe keine Lust, sie zu nehmen, 9 dann soll seine Schwägerin vor den Augen der Ältesten zu ihm hintreten und ihm den Schuh von seinem Fuß abziehen und ihm ins Gesicht spucken. Und sie soll antworten und sagen: So soll dem Mann geschehen, der das Haus seines Bruders nicht bauen will. 10 Und sein Name soll in Israel heißen: Haus des Barfüßers.

3.Mo20,21:
Und wenn ein Mann die Frau seines Bruders nimmt; das ist eine Befleckung. Er hat die Blöße seines Bruders aufgedeckt, sie sollen kinderlos sein.

5.Mo.22,22:
Wenn ein Mann bei einer Frau liegend angetroffen wird, die einem Mann gehört, dann sollen sie alle beide sterben, der Mann, der bei der Frau lag, und die Frau. Und du sollst das Böse aus Israel wegschaffen.
(Es empfiehlt sich, bis Kap.23,1 zu lesen.)

3.Mo.19,20-22:
19 Meine Ordnungen sollt ihr halten. Dein Vieh von zweierlei Art sollst du sich nicht begatten lassen; dein Feld sollst du nicht mit zweierlei Samen besäen, und ein Kleid, aus zweierlei Stoff gewebt, soll nicht auf dich kommen. 20 Und wenn ein Mann bei einer Frau zur Begattung liegt, und sie ist eine Sklavin, einem Mann verlobt, und sie ist keineswegs losgekauft, noch ist ihr die Freiheit geschenkt, dann besteht Schadensersatzpflicht. Sie sollen nicht getötet werden, denn sie ist nicht frei gewesen. 21 Und er soll dem HERRN sein Schuldopfer an den Eingang des Zeltes der Begegnung bringen, einen Widder als Schuldopfer. 22 Und der Priester soll für ihn mit dem Widder des Schuldopfers vor dem HERRN Sühnung erwirken für seine Sünde, die er begangen hat; und in Bezug auf seine Sünde, die er begangen hat, wird ihm vergeben werden.

1.Mo.22,15-18:
15 Und der Engel des HERRN rief Abraham ein zweites Mal vom Himmel her zu und sprach:16 Ich schwöre bei mir selbst, spricht der HERR: deshalb, weil du das getan und deinen Sohn, deinen einzigen mir nicht vorenthalten hast, 17 darum werde ich dich reichlich segnen und deine Nachkommen überaus zahlreich machen, wie die Sterne des Himmels und wie der Sand, der am Ufer des Meeres ist, und deine Nachkommenschaft wird das Tor ihrer Feinde in Besitz nehmen. 18 Und in deinem Samen werden sich segnen alle Nationen der Erde dafür, dass du meiner Stimme gehorcht hast.

Spr.2,16-19:
16 … um dich zu retten von der Fremden Frau, von der Ausländerin, die ihre Worte glatt macht. 17 Die den Vertrauten ihrer Jugend verlässt und den Bund ihres Gottes vergisst. 18 Denn zum Tod senkt sich ihr Haus und zu den Schatten ihre Bahnen. 19 Alle die einkehren zu ihr, kommen nie wieder zurück, finden nie wieder die Pfade des Lebens.

Spr.6,24-35:
24 … dich zu bewahren vor der Frau des Nächsten, vor der glatten Zunge der Fremden. 25 Begehre nicht in deinem Herzen ihre Schönheit, lass sie dich nicht mit ihren Wimpern fangen. 26 Denn der Preis für eine Hure geht bis zu einem Brot, doch die Frau eines Mannes macht Jagd, auf dein kostbares Leben. 27 Kann man Feuer wohl tragen in seinem Gewandbausch, ohne dass einem die Kleider verbrennen? 28 Oder kann jemand wohl schreiten auf glühenden Kohlen, ohne dass er sich die Füße versengt? 29 So geht es auch dem, der hineingeht zur Frau seines nächsten: Keiner bleibt ungestraft, der sie berührt! 30 Verachtet man nicht schon den Dieb, auch wenn er nur stiehlt, um den Bauch sich zu füllen, weil Hunger ihn treibt? 31 Und wird er ertappt, so muss er es siebenfach erstatten, den ganzen Besitz seines Hauses kann er dahingeben.
32 Wer aber Ehebruch treibt mit der Frau seines nächsten, ist ohne Verstand. Nur wer sich selber vernichten will, der mag das tun. 33 Plage und Schande nur findet er und seine Schmach wird nicht mehr gelöscht. 34 Denn Eifersucht weckt die Zornglut des Mannes, kein Mitleid verspürt er am Tage der Rache. 35 Er nimmt keine Rücksicht auf irgendein Sühnegeld und willigt nicht ein, selbst wenn du die Bestechung häufst.

Mt.5,27-28:
27 Ihr habt gehört, dass gesagt ist: Du sollst nicht ehebrechen. 28 Ich aber sage euch, dass jeder, der eine Frau ansieht, sie zu begehren, schon Ehebruch mit ihr begangen hat, in seinem Herzen.

Mt.19,3-9:
3 Und Pharisäer kamen zu ihm, versuchten ihn und sprachen: Ist es einem Mann erlaubt aus jeder beliebigen Ursache, seine Frau zu entlassen? 4 Er aber antwortete und sprach:

Habt ihr nicht gelesen, dass der, welcher sie schuf, sie von Anfang
an als Mann und Frau schuf, und sprach: 5 Darum wird ein Mensch
Vater und Mutter verlassen und seiner Frau anhängen; und es werden
die zwei ein Fleisch sein- 6 so dass sie nicht mehr zwei sind, sondern
ein Fleisch? Was nun Gott zusammengefügt hat, soll der Mensch
nicht scheiden. 7 Sie sagen zu ihm: Warum hat denn Mose geboten,
einen Scheidebrief zu geben und zu entlassen? 8 Er spricht zu ihnen:
Mose hat wegen eurer Herzenshärtigkeit euch gestattet, eure Frauen
zu entlassen, von Anfang an aber ist es nicht so gewesen. 9 Ich sage
euch aber, dass, wer immer seine Frau entlässt, außer wegen Hurerei,
und eine andere heiratet, Ehebruch begeht und wer eine Entlassene
heiratet, begeht Ehebruch.

Joh.8,2-11:
2 Frühmorgens aber kam er wieder in den Tempel, und alles Volk
kam zu ihm; und er setzte sich und lehrte sie.
3 Die Schriftgelehrten und die Pharisäer aber bringen eine Frau, die
beim Ehebruch ergriffen worden war, und stellen sie in die Mitte
4 und sagen zu ihm: Lehrer, diese Frau ist auf frischer Tat beim
Ehebruch ergriffen worden. 5 In dem Gesetz aber hat uns Mose
geboten, solche zu steinigen. Du nun, was sagst du? 6 Dies aber
sagten sie, ihn zu versuchen, damit sie etwas hätten, um ihn
anzuklagen. Jesus aber bückte sich nieder und schrieb mit dem
Finger auf die Erde. 7 Als sie aber fortfuhren, ihn zu fragen, richtete
er sich auf und sprach zu ihnen: Wer von euch ohne Sünde ist, werfe
als erster einen Stein auf sie. 8 Und wieder bückte er sich nieder
und schrieb auf die Erde. 9 Als sie aber dies hörten, gingen sie einer
nach dem anderen hinaus, angefangen von den Älteren; und er wurde
allein gelassen mit der Frau, die in der Mitte stand. 10 Jesus aber
richtete sich auf und sprach zu ihr: Frau, wo sind sie? Hat niemand
dich verurteilt? 11 Sie aber sprach: Niemand, Herr. Jesus aber sprach
zu ihr: Auch ich verurteile dich nicht. Geh hin und sündige von jetzt
an nicht mehr!

1.Kor.7,13-15:
13 Und eine Frau, die einen ungläubigen Mann hat, und der willigt ein, bei ihr zu wohnen, entlasse den Mann nicht. 14 Denn der ungläubige Mann ist durch die Frau geheiligt, und die ungläubige Frau ist durch den Bruder geheiligt; sonst wären ja eure Kinder unrein, nun aber sind sie heilig. 15 Wenn aber der Ungläubige sich scheidet, so scheide er sich. Der Bruder oder die Schwester ist in solchen Fällen nicht gebunden; zum Frieden hat uns Gott doch berufen.

Kol.3,18-25:
18 Ihr Frauen, ordnet euch euren Männern unter, wie es sich im Herrn ziemt! 19 Ihr Männer, liebt eure Frauen und seid nicht bitter gegen sie! 20 Ihr Kinder, gehorcht euren Eltern in allem! Denn dies ist wohlgefällig im Herrn.
21 Ihr Väter, reizt eure Kinder nicht, damit sie nicht mutlos werden!
22 Ihr Sklaven, gehorcht in allem euren irdischen Herren, nicht in Augendienerei, als Menschengefällige, sondern in Einfalt des Herzens, den Herrn fürchtend! 23 Was ihr auch tut, arbeitet von Herzen als dem Herrn und nicht den Menschen, 24 da ihr wisst, dass ihr vom Herrn als Vergeltung das Erbe empfangen werdet; ihr dient dem Herrn Christus. 25 Denn wer unrecht tut, wird das Unrecht empfangen, das er getan hat; und da ist kein Ansehen der Person.

Eph.5,21-26:
21 Ordnet euch einander unter in der Furcht Christi, 22 die Frauen den eigenen Männern als dem Herrn! 23 Denn der Mann ist das Haupt der Frau, wie auch der Christus das Haupt der Gemeinde ist, er als der Heiland des Leibes.

24 Wie aber die Gemeinde sich dem Christus unterordnet, so auch die Frauen den Männern in allem. 25 Ihr Männer, liebt eure Frauen[a]! wie auch der Christus die Gemeinde geliebt und sich selbst für sie hingegeben hat, 26 um sie zu heiligen, sie reinigend durch das Wasserbad im Wort…

1.Kor.11,3:
Ich will aber, dass ihr wisst, dass der Christus das Haupt eines jeden Mannes ist, das Haupt der Frau aber der Mann[a], des Christus Haupt aber Gott.

Joh.13,1-8:
1 Vor dem Passahfest aber, als Jesus wusste, dass seine Stunde gekommen war, aus dieser Welt zu dem Vater hinzugehen - da er die Seinen, die in der Welt waren, geliebt hatte, liebte er sie bis ans Ende.2 Und bei einem Abendessen, als der Teufel schon dem Judas, Simons Sohn, dem Iskariot, es ins Herz gegeben hatte, dass er ihn überliefere,
3 steht Jesus - im Bewusstsein, dass der Vater ihm alles in die Hände gegeben und dass er von Gott ausgegangen war und zu Gott hingehe - 4 von dem Abendessen auf und legt die Oberkleider ab; und er nahm ein leinenes Tuch und umgürtete sich. 5 Dann gießt er Wasser in das Waschbecken und fing an, die Füße der Jünger zu waschen und mit dem leinenen Tuch abzutrocknen, mit dem er umgürtet war. 6 Er kommt nun zu Simon Petrus; der spricht zu ihm: Herr, du wäschst meine Füße? 7 Jesus antwortete und sprach zu ihm: Was ich tue, weißt du jetzt nicht, du wirst es aber nachher verstehen.
8 Petrus spricht zu ihm: Du sollst nie und nimmer meine Füße waschen! Jesus antwortete ihm: Wenn ich dich nicht wasche, so hast du kein Teil mit mir.

Pred.3,7:
… Zeit fürs Zerreißen und Zeit fürs Zusammennähen, Zeit fürs Schweigen und Zeit fürs Reden.

Eph.5,16:
Kauft die rechte Zeit aus! Denn die Tage sind böse.

1.Mo.3,1-8:
1 Und die Schlange war listiger als alle Tiere des Feldes, die Gott,
der HERR, gemacht hatte, und sie sprach zur Frau: Hat Gott wirklich
gesagt: Von allen Bäumen des Gartens dürft ihr nicht essen? 2 Da
sagte die Frau zur Schlange: Von den Früchten der Bäume des
Gartens essen wir; 3 aber von den Früchten des Baumes, der in der
Mitte des Gartens steht, hat Gott gesagt: Ihr sollt nicht davon essen
und sollt sie nicht berühren, damit ihr nicht sterbt! 4 Da sagte die
Schlange zur Frau: Keineswegs erdet ihr sterben! 5 Sondern Gott
weiß, dass an dem Tag, da ihr davon esst, eure Augen aufgetan
werden und ihr sein werdet wie Gott, erkennend Gutes und Böses.
6 Und die Frau sah, dass der Baum gut zur Speise und dass er eine
Lust für die Augen und dass der Baum begehrenswert war, Einsicht
zu geben; und sie nahm von seiner Frucht und aß, und sie gab auch
ihrem Mann bei ihr, und er aß. 7 Da wurden ihrer beider Augen
aufgetan, und sie erkannten, dass sie nackt waren; und sie hefteten
Feigenblätter zusammen und machten sich Schurze. 8 Und sie hörten
die Stimme Gottes, des HERRN, der im Garten wandelte bei der
Kühle des Tages. Da versteckten sich der Mensch und seine Frau vor
dem Angesicht Gottes, des HERRN, mitten zwischen den Bäumen
des Gartens.

Kol.3,8-10:
8 Jetzt aber legt auch ihr das alles ab: Zorn, Wut, Bosheit, Lästerung,
schändliches Reden aus eurem Mund. 9 Belügt einander nicht, da
ihr den alten Menschen mit seinen Handlungen ausgezogen 10 und

den neuen angezogen habt, der erneuert wird zur Erkenntnis nach dem Bild dessen, der ihn erschaffen hat!

Jer.17,7:
Gesegnet ist der Mann, der auf den HERRN vertraut und dessen Vertrauen der HERR ist.

1.Kor.13,4-7:
4 Die Liebe ist langmütig, die Liebe ist gütig; sie neidet nicht[A];
die Liebe tut nicht groß, sie bläht sich nicht auf, 5 sie benimmt sich
nicht unanständig, sie sucht nicht das Ihre, sie lässt sich nicht
erbittern, sie rechnet Böses nicht zu, 6 sie freut sich nicht über die
Ungerechtigkeit, sondern sie freut sich mit der Wahrheit, 7 sie erträgt
alles, sie glaubt alles, sie hofft alles, sie erduldet alles.

Spr.3,5:
Vertraue auf den HERRN mit deinem ganzen Herzen und stütze dich nicht auf deinen Verstand!

1.Mo.4,1:
Und der Mensch erkannte seine Frau Eva, und sie wurde schwanger und gebar Kain; und sie sagte: Ich habe einen Mann hervorgebracht mit dem HERRN.

1.Kor.6,12:
Alles ist mir erlaubt, aber nicht alles ist nützlich. Alles ist mir erlaubt, aber ich will mich von nichts beherrschen lassen.

Alle Bibelstellen sind zur Vereinfachung aufgeführt und der rev. Elberfelder Übersetzung entnommen.

Ferner sind von Helmut Steitz erschienen:

Religion oder Gott?

ISBN: 978-3-8370-1220-0

Tatsachen

ISBN: 978-3-8370-2456-2

Mehr darüber erfahren Sie auf

www.jesus-begegnen.homepage.t-online.de

Printed by Books on Demand GmbH, Norderstedt / Germany